BEI GRIN MACHT SICH IH
WISSEN BEZAHLT

- Wir veröffentlichen Ihre Hausarbeit,
  Bachelor- und Masterarbeit

- Ihr eigenes eBook und Buch -
  weltweit in allen wichtigen Shops

- Verdienen Sie an jedem Verkauf

Jetzt bei www.GRIN.com hochladen
und kostenlos publizieren

Bibliografische Information der Deutschen Nationalbibliothek:

Die Deutsche Bibliothek verzeichnet diese Publikation in der Deutschen National-
bibliografie; detaillierte bibliografische Daten sind im Internet über http://dnb.d-
nb.de/ abrufbar.

Impressum:

Copyright © 2017 GRIN Verlag, Open Publishing GmbH
Druck und Bindung: Books on Demand GmbH, Norderstedt Germany
ISBN: 9783668567573

Dieses Buch bei GRIN:

http://www.grin.com/de/e-book/371077/kuenftige-funktionale-und-technische-
aenderungen-bei-unternehmen-durch

Timo Günter, Maximilian Kroth, Maximilian Liepert

Künftige funktionale und technische Änderungen bei Unternehmen durch Simple Finance und Bewertung von SAP S/4 HANA

GRIN Verlag

Bewertung von SAP S/4 HANA mit Schwerpunkt Simple Finance

Vorteile & Hintergründe

ERP Fallstudie

Sommersemester 2017

an der Fakultät für Wirtschaft
im Studiengang Wirtschaftsinformatik

an der
DHBW Ravensburg

Verfasser: Timo Günter
               Maximilian Kroth
               Maximilian Liepert

Abgabedatum: 16. Mai 2017

Inhaltsverzeichnis

Abkürzungsverzeichnis

AWS . . . . Amazon Web Services

CRM . . . . Customer Relationship Management

DB . . . . Datenbank

DSO . . . . Days Sales Outstanding

ECC . . . . ERP Central Component

EHP . . . . Enhancement Package

ERP . . . . Enterprise Ressource Planning

GL . . . . General Ledger

HANA . . . . High Performance Analytic Appliance

HEC . . . . HANA Enterprise Cloud

IBP . . . . Integrated Business Planning

ICR . . . . Intercompany Reconciliation Tool

IMDB . . . . In-Memory-Datenbank

IMDM . . . . In-Memory-Data-Management

KMU . . . . Kleine und Mittlere Unternehmen

MRP . . . . Material Ressource Planning

MTBF . . . . Mean Time Between Failure

MTTR . . . . Mean Time To Repair

OLAP . . . . Online Analytical Processing

OLTP . . . . Online Transaction Processing

RZ . . . . Rechenzentrum

SCM . . . . Supply Chain Management

sFIN . . . . Simple Finance

SRM . . . . Supplier Relationship Management

TCO . . . . Total Cost of Ownership

TDC . . . . Tailored Datacenter

UX . . . . User Experience

Abbildungsverzeichnis

Tabellenverzeichnis

1 Einleitung

Im Zuge des technologischen Wandels stehen Unternehmen heutzutage vor neuen Einfluss-faktoren und damit verbundenen Herausforderungen. So beeinflusst dies die Entwicklung eines Unternehmens erheblich, umgekehrt jedoch kann ein Unternehmen oftmals nur auf diese Einflussfaktoren reagieren. Dabei nimmt eine wohl überlegte Strategie hinsichtlich der Investition in neue Technologien eine Schlüsselrolle ein. Unternehmen sehen sich der Frage gegenüber, in welche Technologie, wann investiert werden soll und welcher Mehrwert dadurch generiert werden kann. Dabei hat die Einführung neuer Technologien häufig großen Einfluss auf das gesamte Unternehmen und dessen Prozesse. Daher müssen hierfür vor allem die Chancen und Risiken einer solchen Investition analysiert und bewertet werden. So stehen Unternehmen oftmals dabei vor der Problemstellung, dass neue Technologien ein unbekanntes Terrain darstellen. So auch bei SAP High Performance Analytic Appliance (HANA) Simple Finance (sFIN) und die damit Verbundene In-Memory-Technologie. Simple Finance ersetzt das klassische FI und CO. Mit dem SAP Finance soll eine Vereinfachung von Datenmodell, Bedienung und Architektur erreicht werden. Daher stellt die Einführung von sFIN ein komplexes Unterfangen dar, bei dem verschiedenen Einflussfaktoren und Abhängigkeiten innerhalb eines Unternehmens berücksichtigt werden müssen.

Zudem ist vielen Unternehmen der Einfluss dieser Neuerung innerhalb des Finanzbereichs nicht klar. So ist es für das Unternehmen zu empfehlen genau zu betrachten, wie potentielle Kundenszenarios aussehen und diese neu gestaltet werden können. Weiter ist zu erörtern, wo unternehmensspezifischen Herausforderungen sind und wie Schlüsselprozesse optimal ausgerichtet werden können. Hier soll sFIN helfen, um diese Herausforderungen zu lösen (Vgl. Mang (2015)).

Diese Arbeit zielt darauf ab, zu erläutern was unter Simple Finance zu verstehen ist und welche funktionalen und technischen Änderungen auf Unternehmen zukommen. Weiter soll umfassend auf die Vor- und Nachteile einer Einführung der sFIN Lösung eingegangen werden. Dabei soll auch berücksichtigt werden, dass nicht alle Vorteile allein auf den Funktionalitäten von Simple Finance beruhen, sondern auch von den Vorteilen einer neuen technischen Architektur und der neuen User Experience, getrieben werden.

Vorerst wird dem Leser eine kurze Einführung in das Grundverständnis der In-Memory-Technologie gegeben und grundlegende Begrifflichkeiten des In-Memory-Datamanagements erläutert. Darauf aufbauend erfolgt eine Einführung in das Thema SAP HANA. Hierbei soll dem Leser dargelegt werden, was unter HANA zu verstehen ist und welche Anwendungen hiermit ermöglicht werden. Im Anschluss werden die aktuellen Herausforderungen innerhalb des Finanzwesen aufgegriffen. Dadurch soll ein Verständnis erzeugt werden welche Faktoren für Simple Finance aus Unternehmenssicht relevant sind. Anschließend wird das Kernthema dieser Arbeit behandelt werden. Hierzu wird dargelegt was Simple Finance ist und welche Vorteile und Innovationen damit realisiert werden können. Weiter werden mögliche Wege der Migration vorgestellt, um Simple Finance verfügbar zu machen. Folgend wird ein Ausblick in Richtung SAP S/4HANA Enterprise Management gegeben, um darzustellen, welche Neuerungen hiermit erzielt werden sollen. Letztendlich soll eine kritische Würdigung hinsichtlich Simple Finance erfolgen.

2 Grundverständnis der In-Memory-Technologie

Durch eine In-Memory Datenbank wird eine Datenbank (DB) beschrieben, welche darauf abzielt den gesamten Datenbestand innerhalb des Arbeitsspeichers permanent vorzuhalten, so dass dieser die Daten verarbeiten kann (vgl. Garcia-Molina und Salem (1992, S. 509)).

Die Idee bzw. der Grundgedanke von In-Memory-Data-Management (IMDM) ist allerdings nicht neu, da dieser Ansatz bereits in den 1980er Jahren aufgegriffen wurde (vgl. Loos u. a. (2011, S. 209 ff.)). Doch damals erschwerten die mangelnde Zuverlässigkeit des Hauptspeichers sowie die enormen Kosten eine nachhaltige Verwendung (vgl. Plattner und Zeier (2012, S. 6 f.)). Weiter entstanden damals Probleme durch Hardwarefehler sowie durch Flüchtigkeit des Hauptspeichers (vgl. Lehman und Carey (1987, S. 104 f.)). So bestand nicht die Möglichkeit, mehrere Prozessoren auf effektive Weise zu nutzen. Ebenso war es nicht möglich große Speicherbereiche zu adressieren (vgl. Eich (1989, S. 251 f.)).

Doch durch fortschrittliche Architekturen bei Computern, zu welchen auch Mehrkern-prozessoren, 64-Bit-Technologie und günstige Arbeitsspeichermengen mit entsprechender Größe zählen, ist die sinnvolle Umsetzung dieses theoretischen Konzepts möglich geworden (vgl. Plattner und Zeier (2012, S. 11)).
Somit wird es mittlerweile ermöglicht große IMDM mit Arbeitsspeicherkapazitäten, welche im Terabyte-Bereich einzuordnen sind, zu realisieren (vgl. ICDE.2011 (2011, S. 196)).
Daher ist gegen Mitte des letzten Jahrzehnts dieser Ansatz von Datenbanksystemen wieder in den Fokus gerückt. Es können nun mit Hilfe von Memory-Datenbanken zeitkritische Analysen und Auswertungen auf Basis sehr großer Datenbestände schneller als je zuvor erstellt werden (vgl. Mattern und Croft (2014, S. 2)). In traditionellen DB-Systemen hat sich das Konzept einer zeilenorientierten Organisation der Daten etabliert. Hierbei werden die Attributwerte eines Datensatzes nebeneinander angeordnet (vgl. Krueger u. a. (2010, S. 143 ff.)).
Anwendungen des IMDM setzen primär eine spaltenorientierte Speicherung der Daten ein. Hier werden die Attributwerte des Datensatzes untereinander auf benachbarte Blöcke verteilt (vgl. Plattner und Zeier (2012, S. 13 ff.)). Dadurch ist es möglich z. B. Kompressionsalgorithmen effizient zu implementieren. Weiter führt dies zu einer signifikanten Reduzierung des Datenvolumens. Es wird hierbei bis zu einem Faktor von zehn gesprochen (vgl. Werner Sinzig, Kailash R. Sharma (2011, S. 18 ff.)).Somit können auch große Datenmengen effizient gespeichert werden (vgl. Lehner und Piller (2011, S. 57 ff.)).

2.1 Funktionsweise von In-Memory

Wie Eingangs beschrieben verwendet IMDM im Vergleich zu traditionellen DB-Systemen den Arbeitsspeicher zur Datenspeicherung anstelle von Festplattenlaufwerken (vgl. Garcia-Molina und Salem (1992, S. 509 ff.)). Das theoretische Grundprinzip von In-Memory-DB beruht darauf, in den Hauptspeicher zu schreiben und bei Lesevorgängen auf Daten aus dem Hauptspeicher zuzugreifen (vgl. Mattern und Croft (2014, S. 29)). Zwar existieren bei der In-Memory-Datenbank (IMDB) neben den im Arbeitsspeicher vorgehaltenen Daten noch weitere Daten im Sekundärspeicher, diese werden aber ausschließlich aus Sicherungs- und Wiederherstellungsgründen zur Verfügung gestellt (vgl. Garcia-Molina und Salem (1992, S. 512 ff.)). Informationssysteme, welche IMDB einsetzen, wird es somit ermöglicht, Datenbankabfragen sehr viel schneller und effizienter zu verarbeiten. Grund hierfür sind die schnelleren Zugriffszeiten auf den Arbeitsspeicher im Vergleich zum Sekundärspeicher (vgl. DeWitt u. a. (1984, S. 1 ff.)). Weiter sind in IMDM spaltenbasierende Datenstrukturen anzutreffen. Ebenso werden spezielle Kompressionsverfahren eingesetzt, welche die Zugriffszeiten weiter verkürzen.

2.2 Spaltenorientierte Datenspeicherung

Der Begriff der spaltenorientierten Datenbank beschreibt die Funktionsweise, wie Daten auf dem zu verwendenden persistenten Speichermedium abgelegt werden (vgl. Bösswetter (2010)).

Traditionell werden wie erwähnt Datensätze in einer traditionellen relationalen DB zeilenorientiert abgespeichert, wobei eine Zeile einem zusammenhängenden Datensatz entspricht. Dieser Datensatz besteht dabei aus mehreren Attributen (Spalten). Bei der spaltenorientierten Speicherung werden dazu im Vergleich die Werte einer Spalte fortwährend abgelegt (vgl. Klas und Neuhold (2007, S. 1664-1665)).

Der zeilenorientierte Ansatz lässt sich dabei mit dem spaltenorientierten Ansatz vergleichen: Eine Speicherung in zeilenorientierter Form ist von Vorteil für die Online Transaction Processing (OLTP)-Verarbeitung. Bei diesem Ansatz werden primär einzelne Datensätze angefragt und im Anschluss verarbeitet. Im Gegensatz dazu spielt der spaltenorientierte Ansatz in ana-lysierenden Applikationen seine Vorteile aus. Dies begründet sich darin, dass diese Anwendungen hauptsächlich eine größere Datenmenge anfragen. Auf diesen Daten erfolgt dann eine Berechnung, oftmals statistisch (vgl. Mattern und Croft (2014, S. 132)). Darüber hinaus hat spaltenorientierte Speicherung insbesondere bei breiten Tabellen einen relevanten Vorteil, wenn in der Anfrage nur wenige Attribute benötigt werden. Weiter lässt sich eine Kompression in zeilenorientierten DB-Systemen nur sehr aufwendig durchführen. Das ist darauf zurückzuführen, dass in einem Datensatz häufig

Werte mit vielen verschiedenen Datentypen gespeichert sind. Doch die spaltenorientierte
Speicherung der Daten wiederum ordnet sehr ähnlichen Werte eine Spalte auch physisch
beieinander. Somit bietet dies einen guten Ansatz für die Kompression (vgl. Plattner und
Zeier (2012, S. 33 ff.)).

Innerhalb der Literatur (vgl. Flaig (2013, S. 14)) werden auch alternative Ansätze zur
hinsichtli-cher der Datenorganisation in InMemory-Datenbanken erwähnt. Diese Ansätze
haben u. a. das Ziel noch eine noch höhere Performanz bei OLTP-Abfragen zu erreichen. So wurde eine zeilenorientierte In-Memory-Datenbank von DeWitt u. a. (1984)
entwickelt, welche vollständig in Bezug auf OLTP optimiert ist. Somit ist es möglich
OLTP-Transaktionsraten zu erreichen, welche bis um den Faktor 82 höher sind als bei
einer konventionellen Datenbank. Weiter ist in diesem Zusammenhang zu beachten, dass
eine derart spezialisierte In-Memory-Datenbank ausschließlich für ihren Einsatzzweck, also
OLTP vorgesehen ist. Daher kann Datenbank nicht für komplexe analytische Abfragen
eingesetzt werden (vgl. DeWitt u. a. (1984, S. 1151 ff.)).

Plattner und Zeier (2012) propagieren dabei neben einem rein zeilen- oder spaltenorientierten Datenlayout auch eine Mischung aus diesen beiden Ansätzen. Ein solches hybrides
Datenlayout basiert dabei auf einer vertikalen Partitionierung der Tabellen. Im Vergleich
zu der spaltenorientierten Datenorganisation werden hier allerdings nicht die kompletten
Datenbanktabellen spaltenweise zerlegt, sondern in separate Spalten (Attribute) aus den
Tabellen gelöst und als zusammenhängende Einheiten gespeichert. Die übrigen Attribute
werden schließlich analog zur zeilenorientierten Datenorganisation, tupelweise auf dem
Datenspeicher hinterlegt. Unter Verwendung dieses hybriden Datenlayouts wird darauf
abgezielt, einen Kompromiss zwischen transaktionalen und analytischen Abfragen herzu-
stellen. Doch stellt weiter die Fragestellung, welche Attribute spaltenorientiert gespeichert
werden sollen, eine neue Herausforderung in diesem Kontext dar (vgl. Plattner und Zeier
(2012, S. 75 ff.)).

So lässt sich abschließend festhalten, dass die meisten In-Memory-Datenbanken auf einer
spaltenorientierten Datenspeicherung basieren. Dadurch können nicht nur eine sehr schnelle
Ausführung komplexer analytischer Abfragen ermöglicht werden, daneben ist es auch möglich hohe Transaktionsraten bei schreibenden OLTP-Abfragen zu generieren. Insbesondere
auf OLTP abgestimmte In-Memory-Datenbanken, unter Verwendung eines zeilenorientierten Datenlayout, bilden hingegen die Ausnahme, wobei auch sie nichtsdestotrotz in
bestimmten Anwendungsgebieten sinnvoll sein können (vgl. Flaig (2013, S. 14)).

2.3   Kompressionsverfahren

Als einen großen Vorteil der spaltenorientierten Speicherung kann die Möglichkeit der effektiven Kompression angesehen werden. Dadurch soll weniger Speicherplatz auf dem zu verwendenden Speichermedium benötigt werden. Dabei wird in der Literatur von einem Faktor bis zu zwanzig berichtet, um welchen eine komprimierte spaltenorientierte DB im Vergleich zu einer zeilenorientierten Datenbank, welche unkompliziert ist, kleiner ist (vgl. Plattner (2009, S. 5)). Es besteht zwar auch die Möglichkeit in zeilenorientierten DB gleichermaßen Kompressionen umzusetzen, diese sind allerdings weniger effizient. Weiter ist festzustellen, dass eine Kompression der Daten sich zum einen positiv auf den benötigten Speicherplatz auswirkt und zum anderen auch durchaus einen positiven Einfluss auf die Geschwindigkeit der Verarbeitung der DB hat (vgl. Plattner und Zeier (2012, S. 18)).

Bei der Kompression der Daten ist es möglich unterschiedliche Verfahren anzuwenden. Ins-besondere die Lexikon-basierte Kompression ist häufig unter Verwendung. So werden im Rahmen dieses Ansatzes alle unterschiedlichen Werte einer Spalte bzw. eines Attributs in ein Lexikon abgespeichert. Dieser werden dann mit einer eindeutigen ID abgespeichert. Bei SAP HANA kommt z.B. „dictionary encoding" zum Einsatz (vgl. Müller (2013, S. 143 ff.)). Bei dieser Methode werden die Spaltenwerte als Integer-Werte abgelegt. Wird nach unterschiedli-chen Werten gesucht oder gar eine „Joint-Operationen" durchgeführt, so greift der Algorith-mus auf die besagten Werte zu. Dadurch ist es möglich, Abfragen wesentlich schneller und effizienter durchzuführen im Vergleich dazu wenn es sich hierbei um Strings handeln würde. Daraus resultiert, dass die abgefragten Werte schneller durch den Arbeitsspeicher an den Prozessor weitergereicht werden können (vgl. Müller (2013, S. 143 f.)). Weitere Verfahren zur Kompression, die im Rahmen dieser Arbeit jedoch nicht näher betrachtet werden, sind das „Run Length Encoding" sowie das „Bit Vector Encoding" (vgl. Krueger u. a. (2010, S. 133)).

3   Einführung in SAP HANA

Folgend soll die Datenbanktechnologie SAP HANA (folgend HANA) eingeführt werden. Diese Technologie wurde von dem deutschen Softwarekonzern SAP SE entwickelt und vertrieben. HANA ist das Akronym für High Performance Analytic Appliance. Weiter kann HANA als Zusammenwirken von neuer Technologie, welche sich aus Hardware und Software zusammensetzt, verstanden werden. Einfach beschrieben ist HANA eine Datenbank, Hardware und Lösung gleichermaßen. „SAP HANA ist eine In-Memory-Datenbank, aber keine Anwendung. Und obwohl sie keine Lösung an sich ist, ist SAP HANA eine Technologie, die Lösungen ermöglicht" (vgl. Berg und Silvia (2015, S. 175)).

Die HANA-Architektur wurde 2008 von der SAP in Kooperation mit dem Hasso-Plattner-Institut und der Stanford University, für die Analysen von große Daten in Echtzeit, entwickelt. Bevor sich der Name „HANA" etabliert hat, war die Anwendung in verschiedenen Publikationen auch unter den Bezeichnungen „SanssouciDB" oder „NewDB" anzutreffen. HANA wurde erstmals im Frühling 2010 öffentlich vorgestellt und ab November des besagten Jahres eingesetzt (vgl. SAP (2011)). Weiter stellt HANA eine der ersten Plattformen für das Datenmanagement, die Transaktionen und Analysen auf einer einzigen, singulären Datenkopie im Hauptspeicher verarbeitet, dar (vgl. SAP (2016c)).

HANA kann universell sowohl für OTLP als auch für Online Analytical Processing (OLAP) eingesetzt werden. Dabei kann je nach zu erstellender Tabelle definiert werden, ob diese spalten- oder zeilenorientiert abspeichert werden soll. Darüber hinaus stellt HANA eine Importschnittstelle für Massendaten bereit. Dabei kann es sich etwa um BigData handeln, welche mittels Stapelverarbeitung (Batch) importiert werden können. Zudem bietet HANA eine integrierte Schnittstelle zum OpenSource Statistikpaket R; so dass in der Datenbank selbst umfangreiche und komplexe Statistikberechnungen, auch im multivariaten Bereich, vorgenommen werden können (vgl. Kleis (2011, S. 20 ff.)).

Aufgrund der Integration des MapReduce-Programmiermodells in die HANA-DB wird es ermöglicht, Vorgänge von SQL-Abfragen und Analytik zu parallelisieren. Dies führt zu einer weiteren Beschleunigung der Verarbeitung. Zusammenfassend soll unter SAP HANA folgendes verstanden werden:

„SAP HANA is a modern, in-memory database and platform that is deployable on-premise or in the cloud." (vgl. SAP (2016g)).

Zu Deutsch: SAP HANA ist eine moderne, integrierte Datenbank und Plattform, die on-premise oder in der Cloud implementiert werden kann.

3.1 SAP Business Suite powered by SAP HANA

Die von HANA betriebene SAP Business Suite bezieht sich auf SAP Business Suite-Anwendungen, die auf einer SAP-HANA-Datenbank laufen. Die SAP Business Suite powered by SAP HANA wurde 2012 eingeführt und verwendet anstelle einer Standarddatenbank die SAP HANA Datenbank. So können SAP Enterprise Ressource Planning (ERP), SAP Customer Relationship Management (CRM), SAP Supply Chain Management (SCM) und SAP Supplier Relationship Management (SRM) migriert werden und auf SAP HANA optimiert betrieben werden. Für jede dieser SAP-Business-Suite-Komponenten bietet SAP dedizierte Optimierungen und funktionale Neuerungen und Verbesserungen (vgl. SAP (2015c, S. 8)). So soll der Begriff „Suite on HANA" für die Beschreibung im Folgenden gelten.

3.2 Allgemeine Konzepte

OLAP und OLTP werden in einem System ausgeführt. Dies erhöht das Potenzial für innovative Anwendungen und innovative Geschäftsprozesse und bietet die Möglichkeit, mehrere produktive SAP Business Suite-Systeme in einem System zu konsolidieren. Verbesserte Gesamtreaktionszeiten für bestehende Transaktionen und gesamte Geschäftsprozesse durch allgemeine Performanceverbesserung der zugrundeliegenden HANA-Datenbank. Weitere Verbesserungen durch eingebettete Abfrage- und Verarbeitungsfunktionen auf der Datenbank, die als Code-Pushdown bezeichnet werden. Neu gestaltete End-to-End-Szenarien, die wichtige Geschäftsprozesse beschleunigen, wie bspw. die Material Ressource Planning (MRP) in ERP. Weiter können neue Applikationen eingesetzt werden, die bisher nicht einzusetzen wa-ren. Hierbei liegt der Fokus auf Predictive Maintenance und Service. Ebenso sind nun neue User Experience (UX), wie SAP Fiori Launchpad Anwendungen, möglich (vgl. SAP (2015c, S. 8 ff.)).

4 Aktuelle Herausforderungen des Finanzwesens

Der Finanzbereich in Unternehmen ist von einem tiefgreifenden Strukturwandel erfasst und gerät zunehmend unter Druck, denn insbesondere die Digitalisierung machen ihm das Leben schwer. Die Finanzbereiche stehen vor der Herausforderung, sich optimal und innovativ aufzustellen, um die Chancen zu nutzen bzw. die Risiken zu vermeiden, die mit der Digitalisierung einhergehen. Und damit nicht genug: SAP S4/HANA wird die ERP-Standards ebenfalls verändern. (Vgl. Leichsering (2017))

Nachfolgend sollen daher sowohl allgemeine als auch Herausforderungen speziell für SAP dargestellt werden.

4.1 Allgemeine Herausforderungen

Als wesentlicher Trend wird vor allem die Digitalisierung der Vertriebswege, Bankprodukte und Geschäftsprozesse gesehen. Dabei steht vor allem das Thema Vernetzung im Vordergrund. Die voranschreitende Digitalisierung hat zahlreiche Arbeitsplätze verändert. Elektronische Abläufe sparen im betrieblichen Alltag Zeit und Kosten. In vielen Finanzabteilungen dominiert aber noch immer das Papier, denn Finanzverantwortliche sind sich unsicher, welche Vor- und Nachteile mit einem papierlosen Büro einhergehen. Gleichzeitig wächst der Handlungsbedarf, denn viele Geschäftspartner sind bereits auf elektronische Rechnungen umgestiegen. Die Globalisierung sorgt dafür, dass es im Finanz- und Rechnungswesen in immer kürzeren Abständen zu Neuregelungen kommt. Das stellt Bilanzbuchhalter und Controller mindestens vor zeitliche Herausforderungen. Daneben entstehen durch die hohe Marktdynamik deutliche Veränderungen in den Markt- und Wettbewerbsstrukturen. Profiteure dieser Entwicklungen sind vor allem IT-Start-Ups, da sie agiler und schneller auf Anforderungen reagieren können, welche ihre Marktanteile zu Lasten der klassischen Anbieter in den kommenden Jahren stark ausbauen werden. (Vgl. Leichsering (2017))

Um in diesem Umfeld die Wettbewerbsfähigkeit zu erhalten, ist es notwendig, das Innovationstempo zu erhöhen. Die Dienstleister müssen zwar nicht zu Innovationsführern werden, jedoch sollten sie auf Veränderungen flexibel reagieren und entsprechende Entwicklungen schnell, auch softwaretechnisch, realisieren können. Hierzu kann es nützlich sein die Impulse aus anderen Branchen bei der Angebotsgestaltung zu nutzen. Vor allem der Handel sowie Telekommunikationsunternehmen werden im Bezug auf B2B als besonders geeignet erachtet. (Vgl. Korschinowski (2015))

4.2 Herausforderungen von SAP

Da SAP die Module FI und CO als ihr Steckenpferd betrachtet, sind die Herausforderungen im Bereich Finance sehr ernst zu nehmen und werden von SAP regelmäßig neu geprüft. Im Folgenden werden wichtige Herausforderungen nach BearingPoint (2015) vor der Einführung von Simple Finance angesprochen.

Viele SAP Benutzer, im Speziellen im Bereich des Managements, müssen auf die Geschwindigkeit, welche mit der Digitalisierung im Bereich des Cash-Flow-Managements einhergeht, in Echtzeit reagieren können. Deshalb wird seit geraumer Zeit ein System gefordert, welches Daten in Echtzeit wiedergibt und somit schnellere Reaktionszeiten auf Veränderungen möglich macht.

Durch die geforderte Echtzeitüberwachung der Liquidität bzw. aller Geldflüsse verschwimmt in Unternehmen die Grenze zwischen der klassischen Finanzbuchhaltung und dem Controlling immer mehr. Informationen über den aktuellen Stand müssen in modernen Firmen in Echtzeit zur Verfügung stehen um strategische Entscheidungen richtig treffen zu können.

Die Komplexität der Daten ist gerade in großen Firmen ein Problem, denn oftmals sind weltweit verteilte Systeme im Einsatz. Daraus resultiert eine große Anzahl an Extraktoren, die alle Daten in ein konsolidiertes Business Warehouse leiten müssen. Auch müssen Daten aus verschiedenen Tabellen konsolidiert werden, um korrekte Finanzberichte zu gewährleisten.

Mit Einzug der mobilen Endgeräte sowie des mobilen Internets in die Arbeitswelt wurden viele Applikationen ständig erreichbar, leider wurde dies von SAP bis jetzt nicht zur Verfügung gestellt. Somit kann bisher unterwegs nicht auf betriebliche Daten zugegriffen werden.

Die Wettbewerber von SAP zeichnen sich dabei vor allem durch benutzerfreundliche Technologien sowie innovative Ideen aus und setzen das traditionelle Geschäftsmodell stark unter Druck.

5   Innovation durch SAP Simple Finance

Im Rahmen dieser Arbeit soll SAP Simple Finance add-on for SAP Business Suite powered by SAP HANA betrachtet werden. Dies ist ein neues Produkt der SAP und kein rechtlicher Nachfolger von SAP ERP Finance. Das Simple Finance Add-On für die SAP Business Suite wurde 2014 eingeführt. Weiter basiert Simple Finance auf In-Memory-Technologie von SAP HANA, wodurch es ermöglicht wird essentielle Finanz Prozesse zu optimieren. Technisch gesehen SAP Simple Finance add-on for SAP Business Suite powered by SAP HANA ein Add-On, welches auf SAP enhancement package 7 für SAP ERP 6.0, laufend auf einer HANA Installation, eingesetzt wird. Einzuordnen ist dies als Alternative zu den klassischen ERP Financials core Applikationen des SAP Enhancement package 7 für SAP ERP 6.0 Da Simple Finance ein eigenständiges Produkt ist, wird es nicht im Rahmen einer Wartungsvereinbarung für SAP ERP zur verfügung gestellt. Es gelten eigenständige Wartungsbedingen (vgl. SAP (2015c)). Folgend soll eine Einführung in Simple Finance gegeben werden, mit anschließender Erläutern der wichtigsten Bestandteile und deren Vorteile.

5.1   Einführung in Simple Finance

SAP Simple Finance basiert auf der Nutzung der SAP HANA Datenbank. Hierbei werden innerhalb von SAP neue Funktionen für das Rechnungswesen, Cash-Management und den Bereich des Business Planning and Consolidation geboten. Weiter vereinfacht Simple Finance die Datenstruktur im Finanzwesen, da Indextabellen und Summentabellen bei vielen wichtigen Tabellen im Finanzwesen wegfallen. Durch die Einführung der SAP Simple Finance Add-on Lösung auf SAP HANA entstehen essentielle Neuerungen in den Bereichen Finance und Datenhaltung, welche es Unternehmen eine stark erweiterte ERP-Nutzung und Auswertung ermöglichen soll. Dabei findet im Accounting die erheblichste Innovation durch das Zusammenlegen von Finanzbuchhaltung und Controlling in ein „Ledger" statt. Dies ist auf die Verwendung eines multidimensionalen Datenmodells, ohne Einschränkung auf die Anzahl von Dimensionen zurückzuführen. Die SAP HANA Plattform ermöglicht einen wesentlich schnelleren Datenzugriff sowohl beim Berichtsaufruf als auch in den Monatsabschlussjobs wie zum Beispiel bei Kalkulationsläufen oder Abrechnungen. Die SAP HANA Plattform macht zudem als Single-Point-of-Truth wieder-kehrende und aufwendige Abstimmprozesse zwischen den einzelnen SAP Anwendungen FI, CO, CO-PA, BPC und BW/BI überflüssig. (Vgl. Tutorials Point (2017))

5.2   SAP Simple Finance Architektur

Ein einfacheres Datenmodell fördert eine deutliche Reduzierung des Data-Footprints und eine schnellere Verarbeitung der Prozesse. Dadurch ist keine Aggregierung der Daten wie bisher nötig. Ebenso entfällt durch die Vorhaltung einer zentralen Datenbasis, die Notwendigkeit einzelne Datenelemente zu blockieren. Dadurch ergibt sich eine hohe Granularität über alle Prozesse hinweg. Als weiterer Vorteil ist die Konsolidierung der Daten (siehe Abb. 5.1) zu erwähnen, wodurch sich die sogenannte Single-Source-Of-Truth ergibt. Weiter gewinnen die Daten durch die Zusammenführung ein Genauigkeit, wodurch die Qualität des Reportings gesteigert wird (vgl. Deloitte (2016)).

Abb. 5.1: Datenmodell
Deloitte (2016)

Universal Journal

Das Universal Journal (siehe Abb. 5.2) verändert die Art, wie Bewegungsdaten in Simple Finance gespeichert werden. Diese Tabelle speichert alle Daten, die zuvor in den Tabellen für die Hauptbuchhaltung, Anlagenbuchhaltung, Controlling und Material-Ledger getrennt abgelegt wurden. Damit entfällt der Datenabgleich zwischen den einzelnen Tabellen der ehemals isolierten Anwendungen und Berichte können über die früheren Modulgrenzen generiert werden. Der große Vorteil dieser Konsolidierung ist die zentrale Datenhaltung über alle an einem Geschäftsprozess beteiligten Beziehungen, die bislang durch die separate Speicherung verloren gegangen sind. Die Geschäftsvorgänge bleiben allerdings unverändert, nur die Speicherung der Belege in einem Datensatz im Universal Journal macht den Unterschied. Für das Berichtswesen werden nun nicht mehr verschiedene Datenquellen herbeigezogen, sondern aus einer einzigen Tabelle namens ACDOCA, der Single Source of Truth, welche verschiedene Aggregationen desselben Datenbestandes anzeigt. Hier kommt auch der Vorteil der spaltenorientierten Speicherung (vgl. hierzu Kapitel 3) zum tragen. Die Abfrage aus den einzelnen Tabellen ist dadurch wesentlich effizienter. (Vgl. Salmon und Wild (2016))

Abb. 5.2: Universal Journal

SAP (2015b)

New Asset Accounting

Voraussetzungen für neue Anlagenbuchhaltung nach Chirivella (2016) ist die Enterprise-Aktivierung EA-FIN für FI-AA (neu). In der neuen Anlagenbuchhaltung stehen neue Funktionen zur Verfügung. Die parallele Bewertung/ Rechnungslegung bedeutet eine deutliche Vereinfachung der parallelen Rechnungslegung innerhalb der Ledgerlösung der neuen Hauptbuchhaltung.

Während bisher in der Ledgerlösung das Führen von „Delta-Bewertungsbereichen" notwendig war, entfällt dies nun mit der neuen Business Function FIN_AA_PARALLEL_VAL. Darüber hinaus entfällt die Einschränkung auf Bewertungsbereich-spezifische Bewegungsarten bei Einführung der neuen Anlagenbuchhaltung. Auch können Wirtschaftsgüter nach verschiedenen Rechnungslegungsvorschriften bewertet werden. Zum Beispiel muss nach IFRS ist ein Wirtschaftsgut als Anlage aktiviert und nach deutschem Handelsrecht (HGB) muss der entsprechende Betrag als Aufwand gebucht werden. (Vgl. SAP (2014b))

5.3 Entwicklung des SAP Simple Finance Add-Ons

SAP hat sein Finanzmodul nicht neu programmiert, sondern ein Add-On über das Enhancement Package 7 (EHP 7) zur Verfügung gestellt, das die Datenbank SAP HANA für das ERP erfordert. Nach SAP (2017d) gab es folgende Versionen:

Simple Finance Add-on V1:

Simple Finance wurde zum ersten Mal als SAP Simple Finance Add-on 1.0 veröffentlicht. Diese Version enthielt einige der neuen Funktionalität für einfachere Administration der Finanzen, es enthielt noch nicht alle vereinfachten Tabellenstrukturen und Fiori-Anwendungen, die mit V2 gekommen sind.

Simple Finance Add-on 1503 / V2:

Zusammen mit der Veröffentlichung von Simple Finance 2.0 nutzte SAP die Gelegenheit, das Produkt umzubenennen, um mit der zukünftigen Cloud-Strategie übereinzustimmen. Simple Finance Add-on 2.0 wurde zu Simple Finance On-Premise Edition 1503.

Die Editionsnummern repräsentieren das Jahr und den Monat der Veröffentlichung. Die Support-Packete für eine gegebene On-Premise-Edition wurden ebenfalls umbenannt, um das Jahr und den Monat der Freigabe mit einzuschließen.

Simple Finance Add-on 1605 / V3:

Mit der Veröffentlichung von 1605 wurde SAP S/4HANA Finance zum einzigen offiziellen Produktnamen für 1503 und 1605 Releases. Die letzte Version, SAP S/4HANA Finance 1605 SP04, basiert auf SAP EhP 8 für SAP ERP 6.0 SP Stack 03 und SAP NetWeaver 7.50 SP Stack 04 mit der minimalen SAP HANA Datenbankanforderung von SP Stack 11 (Revision 112.03). Aus technischer Sicht ersetzt SAP S/4HANA Finance 1605 SP04 die Komponente SAP_FIN 618 mit SAP_FIN 730 SP04.

5.4 Schwerpunkte im Central Finance

Unter der dem Begriff Central Finance wird im Rahmen von SAP eine bereichsübergreifende Berichts- und Planungsplattform verstanden. Weiter wird dadurch die Einrichtung eines zentra-len Finanzsystems, ausgestattet mit den wesentlichen Daten über Einheiten und Bereiche der Unternehmung, mit harmonisierten Stammdaten basierend auf dem neuen Datenmodell von Simple Finance, verstanden. Weiter werden im Kontext von Central Finance neue Berichtswerk-zeuge verstanden, welche – wie auch die Daten – auf SAP HANA ausgeführt werden. So soll es möglich sein fortan über die Dinge berichten, welche vorher nicht berichtet werden können, da nun Finanzdaten in einem System zusammengebracht wurden. (Vgl. Distler und Fischer (2015)) Ein weiterer Aspekt von Central Finance sind stellt die zentrallen Prozesse dar. So zielt dies uf die Verlagerung operativer Prozesse hin zu einer zentraleren Instanz ab. Darüber hinaus bietet Central Finace Möglichkeiten der Harmonisierung und Zentralisierung von Finanzdaten gezielt nutzen, um neue Werte und Verbesserungen für die gesamte Organisation zu schaffen.

5.5 Wichtige Innovationen von SAP Simple Finance

Mit Enhancement Package (EHP) 7 von SAP ERP 6.0 sind die zusätzlichen neuen Funktionalitäten (siehe Abb. 5.3) von SAP Simple Finance Add-on verfügbar. Sie basieren auf der In-Memory-Datenbanktechnologie und beinhalten die folgenden Bereiche:

- SAP Accounting: Finance In-Memory-Funktionalität für SAP ERP Kunden
- SAP Cash Management: Neues Produkt für konzernweites Cash Management
- Integrated Business Planning: Neue BPC Funktionalitäten und verbesserte Integrati-on von ERP/BPC

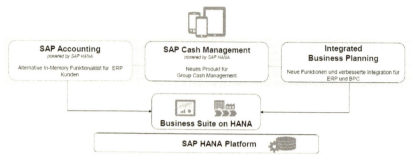

Abb. 5.3: SAP Simple Finance Add-On für SAP Business Suite powered by SAP HANA
SAP (2015b)

Accounting powered by SAP HANA Durch den Einsatz von SAP Accounting powered by SAP HANA wird es ermöglicht, dass die redundante Datenhaltung innerhalb der Summen- und Indextabellen in FI und CO obsolet wird (siehe Abb. 5.4), wodurch Einzelpostentabellen nun für Echtzeit-Auswertungen genutzt werden können. Daraus folgt, eine Erhöhung der Schnelligkeit sowie der Verlässlichkeit im Rahmen von Auswertungen. Hierbei kann die Einzelpostentabelle auch als Single-Point-of-Truth gesehen werden. Ein weitere Vorteil ist ebenfalls die Reduzierung der benötigten Datenbankgröße. Zusätzlich dazu erweitert das SAP Accounting die verfügbaren Informationen in den Einzelpostentabellen durch neue mögliche Berichtsfelder. (Vgl. SAP (2017f))

Eine weitere, wesentliche Neuerung von SAP Accounting ist das „logische Dokument". Um die Abstimmbarkeit zwischen FI, CO und buchhalterischer CO-PA (Ergebnis- und Marktsegmentrechnung) direkt bei der Buchung von Einzelposten zu verankern, werden alle Attribute der vormals separaten drei Belege in einem „logischen Dokument" zusammengefasst und mit neuen Feldern auch auf Einzelpostenebene mit Referenzinformationen stärker verknüpft. Dies führt zu einem schnelleren Monatsabschluss. (Vgl. SAP (2017c))

Weiter soll die Beschleunigung der Abstimmung mit dem Intercompany Reconciliation Tool (ICR) erwähnt werden, da hierdurch Selektion und Zuordnung der offenen Posten entfallen und auch innerhalb des Monats erfolgen können. Darüber hinaus unterstützt SAP Accounting folgende verfügbare Kontoarten:

- X: Bilanz
- N: Neutrale Aufwendungen /Erträge
- P: Primäre Kosten/Erlöse
- S: Sekundäre Kostenarten

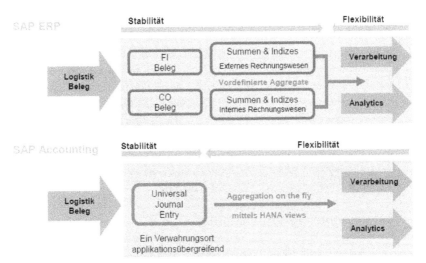

Abb. 5.4: SAP ERP vs. SAP Accounting

SAP (2015b)

Abschließend ist noch zu erwähnen, dass mit der Migration auf SAP Accounting powered by SAP HANA wird automatisch auch die Anlagenbuchhaltung auf das „New Asset Accounting – FI-AA (new)" umgestellt, falls dieses nicht bereits im Einsatz ist. Dies ist zwingend notwendig.

Cash Management powered by SAP HANA

Mit SAP Cash Management powered by SAP HANA kann die Treasury-Abteilung von Konzernen bzw. die Cash-Abteilung ihre Barmittel und Liquidität zentral verwalten. Im Rahmen von SAP Cash Management powered by SAP HANA soll der Fokus auf die Bereiche des Real Time Working Capital Management sowie des Cash Managements an sich gelegt werden (Vgl. SAP (2017a)).

Real Time Working Capital Management

Unternehmen haben stets das Ziel ihre Forderungen zu minimieren. Dafür ist es nötig stats einen aktuellen Stand zu erhalten, um entsprechend Forderungen einzufordern. Durch das SAP Echt-zeit-Forderungsmanagement und eine Echtzeit-DSO Steuerung (Days Sales Outstanding (DSO))ist es nun möglich auf Basis der Einzelbelege firmenweit kunden- und produktspezifische DSO Kennzahlen zu ermitteln, wodurch eine Ursachenanalyse in Echtzeit möglich ist (Vgl. SAP (2014a)).

Cash Management

Durch das neue SAP Chash Management wird der Zugriff auf konzernweite, valutagerechte Banksalden sowie Informationen aus anderen Bereichen wie Treasury Management und unterwegsbefindliche Zahlungen ermöglicht. Zu den wichtigsten Neuerungen zählt die Einführung eines zentralen Exposure Hubs, der alle künftigen Cash Flows enthält sowie die volle Integration zwischen Liquiditätsplanung und Cash Management. Als mögliche Zielgruppe für die Nutzung des SAP Chash Management eignen sich mittlere und große Unternehmen, die ein stark zentralisiertes Cash Management aufweisen oder aufbauen möchten. Weiter ist aufgrund der Echtzeit-Analyse eine Steigerung der die Entscheidungsfähigkeit und Effizienz im Treasury und Cash Management im Rahmen der der Liquiditätssituation zu sehen (Vgl. SAP (2017c)).

Integrated Business Planning

Die integrierte Business Planung basiert auf einem multidimensionalen Datenmodell, wodurch alle Planungsdimensionen abgebildet werden können. Ebenso erlaubt die Integrated Business Planning (IBP) die Simulation von Daten und Abschlüssen innerhalb der SAP Smart Finance Lösung. Dabei sind Stärken im Bereich der Integration operativer Teilpläne mit der Finanzplanung zu nennen. Weiter schafft die Vereinheitlichung der Datenmodelle der operativen Planung und der Planung auf Konzernstufe eine Datenaustauschbarkeit für beide Stufen und generiert höhere Effizienz. Weiter kann die Planung durch ein Excel-frontend oder auch webbasiert erfolgen. Weiter sind Ergebnisrechnung, GuV und Kostenstellenrechnung parallel ausführbar. Durch die verwendung des multidimensionalen Datenmodells sind Funktionen wie ein Drill-Down nach Kundengruppen oder Materilien möglich (Vgl. SAP (2016b)). Die wichtigsten Funktionalitäten der integrierten Planungslösung auf SAP HANA:

- Eine einheitliche Plattform für die integrierte Planung
- Die höhere Performance ermöglicht Simulationen durch SAP HANA
- Einfachere Anwendung durch Verwendung von Excel als Front End

5.6   SAP Fiori for SAP Simple Finance Add-On

SAP Fiori ist ein Produktportfolio bestehend aus unterschiedlichen SAP-Anwendungen, welche eine geräteunabhängige Benutzerschnittstelle ist. So werden durch SAP Fiori die am häufigsten verwenden Funktionen der SAP Business Suite, mobile- und Desktop-Anwendungen, bereitgestellt (vgl. SAP (2015d)). Technisch gesehen handelt es sich bei den Apps aus der SAP-Fiori-Sammlung um Browser-Anwendungen, die auf der SAP-eigenen Version der Auszeichnungssprache HTML5 (SA-PUI5) basieren und alle gängigen Betriebssystemplattformen und Browser unterstützen (vgl. Schaffry (2014)). Mit SAP Fiori können SAP-Anwender alle Aufgaben rollenbasiert, prozessbezogen und komfortabel in einer einzigen modernen Benutzeroberfläche erledigen, auf der Transaktionen aus verschiedenen Anwendungen der SAP Business Suite zusammengeführt werden. Das ist ein großer Vorteil, da bspw. ein Vertriebsmitarbeiter auf Datensätze aus SAP CRM zugreifen kann, wenn er einen Kunden kontaktieren will, Aufträge hingegen in SAP ERP erfasst werden sollen. Somit vergrößert SAP Fiori die Bedienbarkeit von SAP-Systemen, derzeit bietet SAP 1013 verschiedene Apps an. (Vgl. SAP (2016a)) Insbesondere SAP Fiori for SAP Simple Finance (bisher bekannt unter SAP Fiori für SAP-Simple-Finance-Add-on powered by SAP HANA) beinhaltet Apps für SAP Simple Finance, welche auf dem SAP Fiori Launchpad ausgeführt werden. Bei den meisten Apps handelt es sich um transaktionale Apps, es gibt jedoch auch einige Infoblätter und analytische Apps (vgl. SAP (2017b)). Durch die verbesserte User Experience wird im Allgemeinen eine Produktivitätssteigerung erwartet. Aufgrund der zu erwartenden Produktivitätssteigerung können die Kosten innerhalb des Finanzbereichs gesenkt werden.

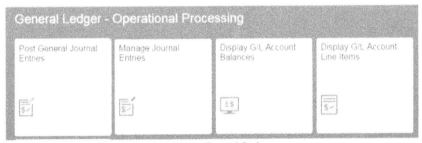

Abb. 5.5: General Ledger

SAP (2015b)

Abb. 5.6: Anzeige Einzelposten für Sachkonten

SAP (2015b)

6 Der Weg zu Simple Finance

Dieses Kapitel beleuchtet die Implementierung von SAP Simple Finance auf drei Ebenen. Erstens müssen die technischen Vorraussetzungen geschaffen werden um das Add-On benutzen zu können. Zweitens ist zu Entscheiden wo das gesamte Softwarepaket zur Verfügung gestellt wird. Hier werden die Möglichkeiten On-Premise oder Cloud vorgestellt. Während zuletzt die verschiedenen Varianten der Inbetriebnahme der neuen Lösung vorgestellt wird.

6.1 Technische Vorraussetzungen für die Nutzung von Simple Finance

Vorraussetzung für die Umstellung auf SAP Simple Finance add-on 1.0 for SAP Business Suite powered by SAP HANA, ist neben der Verwendung von SAP Net Weaver 7.40, das Einführen der folgenden Anwendungen zwingend erforderlich. (Vgl. SAP (2017a))

- New General Ledger: das klassische General Ledger wird in der Regel automatisch als Basisimplementatierung des New General Ledger mit aufgenommen.
- New Asset Accounting: das klassische Asset Accounting wird in der Regel automatisch als Basisimplementierung in das New Asset Accounting mit aufgenommen.
- New SAP Cash Management powered by SAP HANA: das klassische Cash Management wird durch das neue SAP Cash Management powered by SAP HANA ersetzt.
- SAP Cash Management powered by SAP HANA erfordert eine weitere Lizenz.

Beschränkungen

Der Einsatz von Simple Finance beschränkt sich auf bestimmte Branchenlösung von SAP ERP. Daraus folgt, dass Simple Finace nicht installiert werden, wenn eine andere Branchenlösung verwendet wird. Zur Abdeckung der veröffentlichten Branchenlösungen und Finanzprozesse ist es möglicht, dass Simple Finace mit einer Untergruppe von Ehancement Pack 7 für SAP ERP 6.0 Softwarekomponenten zu kombinieren. Eine detailierte Beschreibung der verwendbaren Branchenlösungen kann dem Ahang entnommen werden. (Vgl. SAP (2017a))

Neben den genannten Vorraussetzungen gibt es nach SAP SE (2016a) & SAP (2015g) weitere Einschränkungen bei der Inbetriebnahme des Add-ons. Die folgenden Funktionen des SAP ERP werden nicht unterstützt:

- Das klassische Modul zu Immobilienverwaltung (RE Classic) ist inkompatibel und muss durch durch Real Estate Flexible (RE-FX) ersetzt werden. Dieses deckt die betrieblichen Anforderungen ab, ist aktueller und bietet mehr Funktionen. Daher muss vor der Einführung eine Migration von RE Classic zu RE-FX erfolgen, welche aber keine Herausforderung darstellt, da die Datenbanktabellen vollständig zueinander kompatibel sind.

- Die Eingangsverwaltung von Leasingverträgen im Rechnungswesen, welche vom CRM kommend über die Lease Accounting Engine (LAE) abgewickelt wurden, ist nicht kompatibel zum benötigten neuen Asset Accounting (AA) und darf daher nicht weiter benutzt werden.

- Aus dem gleichen Grund ist die Business Function Joint Venture Accounting(JVA) nicht weiter zu benutzen.

- In der neu eingeführten zentralen Hauptbuchhaltung werden die Funktionen der Bilanzplanung, die Berichte zum Vergleich von Planungs- und Istdaten in der Profit-Center-Rechnung und Mittelbilanz nicht unterstützt.

- Weiter vereinfacht wird die Kreditverwaltung durch Konsolidierung des Moduls FI-AR-CR in das zentrale FSCM Modul FIN-FSCM-CR.

6.2 Bereitstellungsmodelle

Die Kernkompetenzen der meisten SAP Kunden liegen nicht in der Bereitstellung und dem Betrieb eines Rechenzentrums. Die zuverlässig Anbindung an die öffentliche Infrastruktur ist derzeit meist schon so weit fortgeschritten, dass die Verfügbarkeit über das Internet erreichbarer Dienste, der der Lokalen nicht nachsteht. Die Verfügbarkeit ist aber nur ein Punkt, den es bei der Bereitstellung von Software im Allgemeinen und SAP S/4 HANA zu beachten gibt. Im Prinzip gibt es zwei richtungweisende Optionen ein System bereitzustellen. Erstens Inhouse, auch On-Premise, also die Installation bzw. Bereitstellung auf Hardware im eigenen Haus. Zweitens „in der Cloud", bzw. ausgelagert bei einem externen Anbieter. Dazwischen gibt es unzählige Möglichkeiten der Variation. Angefangen von fremder, gekaufter oder geleaster Hardware die im eigenen Unternehmen betrieben wird, über den Betrieb und die Wartung die vollständig oder teilweise von internen oder externen Beschäftigten durchgeführt wird. Auf der andern Seite der Betrieb in einem externen Rechenzentrum, wie zum Beispiel bei SAP selbst. Die einzelnen Unterschiede der verschiedenen Modelle sollen hier betrachtet werden. Dabei geht es nicht um eine pauschale Aussage über das bessere Modell, sondern lediglich um eine grobe Beschreibung der wichtigsten Faktoren, die bei der Wahl des Modells entscheidend sind. Die Wahl selbst orientiert sich an der Gewichtung der Kundenanforderungen.

Verfügbarkeit: Dieses Maß setzt sich zusammen aus der Mean Time Between Failure (MTBF) und der Mean Time To Repair (MTTR) und wird meist in Prozent angegeben. Ein System ist verfügbar, wenn es nicht repariert wird. Beeinflusst wird dieses Maß hauptsächlich von dem Hardwareeinsatz und den damit verbundenen Kosten für das Unternehmen. Anbieter von Rechenzentrum (RZ) können hier durch ihre Spezialisierung und Skaleneffekte eine höhere Verfügbarkeit bei weniger Kosten erreichen. Davon ausgenommen ist die Anbindung des RZ an das eigene Unternehmensnetzwerk. Dies kann der Flaschenhals bei intensiver Cloudnutzung darstellen und muss daher im Hinblick auf noch weiter ansteigenden Datenverkehr (vgl. Cisco Systems (2017)) großzügig dimensioniert werden. (Vgl. Königs (2009, S. 122 ff.))

Flexibilität beinhaltet im Wesentlichen die Anpassung an sich ändernde Rahmenbedingungen von ausserhalb und strategischen Veränderungen innerhalb eines Unternehmens. Zwei bestimmende Faktoren sind die Agilität und Elastizität der IT. Ersteres beschreibt die Fähigkeit Veränderungen des Unternehmens mit der IT zu Unterstützen. Elastizität drückt die Anpas-sungsfähigkeit an geänderte Geschäftsanforderungen aus. Dazu zählen Kapazitäten in der Datenhaltung und -verarbeitung, Stromversorgung und ähnliches. Vor allem für schnell wachsende Unternehmen wie StartUps interessant, da mit wenigen Ressourcen schnell angefangen werden kann und bei wachsenden Mitarbeitern bzw. Ressourcenbedarf unproblematisch und mit niedrigem Aufwand erweitert werden kann. Anderseits kann es je nach Software bei einem SaaS-Angebot keine oder nur eingeschränkte Möglichkeiten des Customizing geben, was in die Überlegungen mit Einbezogen werden sollte. (Vgl. Schwetz (2014))

Wirtschaftlichkeit: Cloud Anbieter werben damit, dem Kunden Kostenvorteile zu verschaffen. Statt hoher einmaliger Ausgaben für Server- und anderer Infrastrukturhardware und der Softwarelizenzgebühren, werden geringe Beiträge während der gesamten Laufzeit fällig. Die-ses Subsciptionmodell reduziert das Risiko der Investition und lange Genehmigungsprozesse im Unternehmen. Zusätzlich kann diese Art von Aufwendungen steuerlich als Operative statt einer Investitionsausgabe angesetzt werden, was zu weiteren Einsparungen auf Kundenseite führen kann. Weiter bleiben auch weitere personelle Einstellungen für das RZ des Kunden erspart. Datenschutz & Datensicherheit: Man kann annehmen, dass Mitarbeiter eines dedizierten RZ eine sehr spezielle Ausbildung und auch Tätigkeit im Bereich der Sicherheit haben. In der klassischen IT-Abteilung eines Unternehmens hingegen gibt es zusätzliche Aufgaben neben dem rein operativen Betrieb von Serveranlagen. Daher steht weniger Zeit für Innovationen oder auch nur Optimierungen des Betriebs und der Sicherheitsvorkehrungen zur Verfügung und folglich sind diese Mitarbeiter auch weniger spezialisiert, sondern müssen ein breiteres Spektrum an Kompetenzen aufbieten. Es reicht aber nicht sich auf Gefahren einmalig vorzubereiten oder Schutzmaßnahmen zu treffen. Stetige Weiterentwicklungen sind wichtig um wenigstens vermeidbare Lücken in Software , die schon bekannt sind, zu stopfen. Daher bieten Cloudanbieter meist eine höhere Sicherheit als dies IT-Abteilungen leisten könnten. Aus-nahmen stellen Unternehmen mit sehr hohen Anforderungen an die Sicherheit ihrer Daten dar. Wenn für diese Firmen die Standards der gängigen Cloudanbieter zu niedrig sind, oder sie das Risiko lieber selbst schultern möchten, dann sind das zwei Faktoren, die einen Betrieb im eigenen Haus legitimieren. (Vgl. SAP (2016f))

Problematisch bei der Speicherung der Daten auf Servern von Anbietern diverser Dienstleistungen über das Internet ist die Sichtbarkeit der Daten. Sichtbarkeit in dem Kontext, dass für alle Daten, aber besonders kritisch bei sensiblen Daten die in der Cloud gespeichert werden, oder in dieser erzeugt werden nicht versichert werden kann, wo diese genau liegen. Bei ei-nem Rückzug aus der Cloud Strategie eines Unternehmens können Anbieter nicht garantie-ren keine Datenleichen zurückzulassen.

Daher bleibt ein Restrisiko bei den aufgeführten Punkten. Wenn man sich für einen externen Anbieter entscheidet, zählt am Ende das Vertrauen. Vertrauen ist aber nur schwer zu zu quantifizieren, hängt von den Bedürfnissen des Unternehmens und der Reputation des Anbie-ters ab. Vertrauensprobleme sind daher bei IT-Führungskräften am Entscheidendsten was die externe Datenverarbeitung angeht. Entscheidend ist daher die Frage der Kontrolle über die Daten. (Vgl. Wyllie (2017))

Bezogen auf eine SAP ERP Installation für viele Kleine und Mittlere Unternehmen (KMU) gibt es einen Trend hin zu Cloud basierten Installation sowohl für SAP ERP als auch SAP S/4 HANA. Ausschlaggebend sind die signifikant niedrigeren Gesamtkosten sowohl kurz- als auch langfristig. Laut einer Befragung in einer Studie von Noel Radley haben sich die Zahlen für Installation in der Cloud bzw. On-Premise zwischen 2008 und 2014 genau zum Gegenteil geändert. Während 2008 noch 88% angaben sich für Installationen On-Premise entschieden zu haben, waren es 2014 87% für Cloudinstallationen. (Vgl. Radley (2014))

On-Premise gibt es zwei Möglichkeiten. Eine vorkonfigurierte Software Appliance oder Tailored Data Cen-ter Integration. Ersteres ist ein Bundle aus Hard- und Software, welches von SAP validiert ist, bietet dadurch einen vergleichsweiße schnellen Einstieg gegenüber dem Tailored Datacenter (TDC). Bei dieser Deployment Variante wird die existierende Infrastruktur des Kunden eige-nen RZ für die Installation und die Integration in andere Systeme genutzt.

Dem gegenüber stehen die Cloudinstallation, die in drei Varianten angeboten werden. Die Private Cloud wird als Managed Cloud des Produkts SAP HANA Enterprise Cloud angeboten. Dies beinhaltet Hosting, Service und Beratung zu den Produkten seitens SAP, inklusive fle-xibler Anpassung an Performanceanforderungen des Kunden. Die Beratung umfasst zusätz-lich die Analyse bestehender Geschäftsprozesse und der Performance der SAP-Anwendungen sowie Berechnung und Vergleich der Total Cost of Ownership (TCO) beim On-Premise- und HANA-Cloud-Betrieb. Ebenso wird geprüft, ob die SAP-Lösungen in der HANA Enterprise Cloud (HEC) reibungslos mit den Applikationen zusammenspielen, die noch On-Premise beim Kunden laufen.

Diese Beratungs- und Hosting-Services bilden ein wesentliches Differenzierungsmerkmal zu Public-Cloud-Angeboten wie SAP HANA One im Amazon Web Services (AWS)-Marketplace. Da die SAP HANA Enterprise Cloud als offenes Ökosystem konzipiert ist, er-halten ausgewählte Partner von SAP eine Referenzarchitektur für den Aufbau eigener

Cloud-Angebote. Abgerundet wird das Angebot durch SAP HANA One, eine Pay-as-you-go-Lösung ideal für Projekte oder Startups. Den diese ist beschränkt in Skalierbarkeit und Funktionsumfang, da-für aber nach stundenweiser Nutzung zahlbar. (Vgl. SAP (2017e))

6.3 Migrationswege

Ein Wechsel auf S/4HANA, welches für das Simple Finance nötig wird, ist kein Einzelprojekt wie ein Upgrade oder eine Datenbankmigration, dieser Wechsel bezieht vielmehr die gesamte IT-Systemlandschaft mit in diesen Prozess ein. Daher empfiehlt es sich die Transformation immer von der gewünschten zukünftigen SAP-Ziel-Architektur aus zu betrachten. So macht diese Herangehensweise es für Anwender zumeist einfacher: Insbesondere wenn die Umstellung auf S/4HANA ganzheitlich vollzogen wird, bietet dies im Vergleich zu einer reinen Migration auf SAP HANA die Chance, oftmals komplexe und heterogene IT-Landschaften zu eliminieren und somit die Grundlage für einfachere, schlankere Prozesse zu bieten (vgl. SAP (2016e)).
So werden im Rahmen der Umstellung auf S/4HANA nach SAP (2015a) vier Wege genannt, die veranschaulichen sollen, was hiermit möglich ist und wie der gewünscht Soll-Zustand erreicht werden kann. Dazu werden im Folgenden vier Umstellungsmöglichkeiten auf S/4HANA abgebildet (siehe Abb. 6.1) und erklärt:

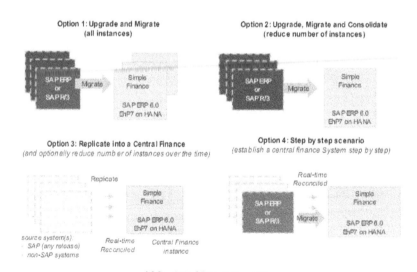

Abb. 6.1: Migrationsoptionen

SAP (2015b)

Option 1: Eine Organisation, die drei verschiedene Implementierungen von SAP ERP oder R/3 hat, würde mit drei separaten Implementierungen von Simple Finance enden. Diese wäre ein Fall einer 1zu1 Migration.

Option 2: Es ist möglich, die im Wesentlichen bestehende ERP-Implementierung von Finance in eine einzige konsolidierte Implementierunge von Simple Finance zu migrieren.

Option 3: Replikations-Bereitstellungsszenario, in dem man die ursprüngliche Quelle der ERP-Implementierung pflegt. Daten, die aus verschiedenen Geschäftsprozessen generiert werden, werden repliziert und in Echtzeit in sFin veröffentlicht. Dies wird als Central Finance Deploy-ment bezeichnet, wobei S/4 HANA Simple Finance die Quelldaten aus aktuell laufenden SAP- und Non-SAP-Finanzierungssystemen übernimmt.

Option 4: Hybrid-Lösung durch die Implementierung von Central Finance, aber zur gleichen Zeit eine langsame Migration aller Legacy-Finanzierung Anwendungen in die konsolidierte einfache Financelösung.

Die Migration erfolgt üblicherweise in zwei Schritten:

1. ERP Central Component (ECC)6 EHPx (von jeder Datenbank) zu HANA EHP7 Suite

2. HANA EHP7 Suite zu sFIN

Es gibt keinen direkten Migrationspfad von ECC6 EHP7 zu sFIN. Man musst den Zwischenschritt zur HANA Suite durchführen. Die eigentliche Migration zum General Ledger (GL) im SAP Accounting ist simpel. In den meisten Fällen ist dies aber keine rein technische Migration. Es müssen auch funktionale Aspekte, im Auge behalten werden, die daraus resultieren, dass FI und CO zu einem verschmelzen.

sFIN stellt eine neue vereinfachte und ergonomische Benutzeroberfläche namens Fiori zur Verfügung. Diese neue Benutzeroberfläche besitzt technische Anforderungen. Voraussetzung für Fiori auf einer ABAP-basierten Applikation ist die Middleware SAP Gateway. SAP Gateway ist Teil von Netweaver 7.4, also wird es automatisch mit ECC installiert. Für ein Produktionssystem empfiehlt SAP jedoch, eine zentrale Hub-Bereitstellung von SAP Gateway zu verwenden. Dies bedeutet, dass das SAP Gateway unabhängig von ERP auf einem eigenständigen System entweder wird. Sie trennen somit Back-End-Komponenten von Front-End-Komponenten. Für Produktionssysteme empfiehlt SAP die Option Embedded Deployment nicht.

So muss die Installation eines Gateways geplanen werden, wenn es nicht bereits in der SAP-Landschaft vorhanden ist.

Schließlich ist zu beachten, dass die alten Retired-Transaktionen, die durch die neuen Fiori-Applikationen ersetzt werden, nicht mehr über die SAP GUI zugänglich sind. Wenn man versuchen, diese zu starten, erhält man ein Pop-up, das Sie zum Fiori Launchpad von Simple Finance umleitet. (Vgl. SAP SE (2016b))

7 Vorteile von Simple Finance

Im Rahmen von SAP HANA mit Fokus auf Simple Finance wird von der SAP eine Reihe an Vorteilen genannt. Diese Vorteile werden innerhalb des folgenden Abschnitts zusammengefasst dargestellt. Dazu wurden die analysierten Verbesserungspotentiale in drei Kategorien klassifi-ziert. Somit soll es dem Leser ermöglicht werden zu verstehen, was SAP HANA in den Berei-chen der funktionalen Verbesserung, schnellerer Geschäftsprozesse und Kosteneinsparung verspricht.

Funktionale Verbesserungen

Die neue Architektur von Simple Finance ermöglicht – basierend auf Daten der Belegebene – ein Echtzeit-Reporting, wodurch schnellere Entscheidungen getroffen werden können. Durch dieses mehrdimensionale Reporting in Echtzeit dient zur transparenten Darstellung der Liqui-dität, Kreditlinien, überzogener Limite, Risiko- und Cashflow Analysen, Fremd-währungsrisiken sowie DSO-Analysen.

Als ein signifikanter Vorteil wird die Funktionalität in Simple Finance beschrieben, wodurch aktuelle Informationen aus Finanzwesen, Controlling und Non-SAP-Systemen in Echtzeit zur Verfügung gestellt werden können. Weiter werden die Simulation neuer Geschäftsmo-delle sowie die veränderten Prozesse aus Finanzsicht genannt, welche dem Kunden eine bessere Planung ermöglichen sollen. So soll dies laut SAP zu einer abteilungsübergreifenden Transparenz und generellen Optimierung des Prozesses an sich führen. Weiter beschreibt SAP, dass Kunden durch die Echtzeit-Verarbeitung mit SAP HANA, z.B. eine optimierte Transparenz und eine bessere Reaktionsfähigkeit im Rahmen des Prozessablaufs, erzielen zu können (vgl. SAP (2015e)).

Schnellere Geschäftsprozesse

Hierbei handelt es sich um veröffentlichte SAP Lab-Ergebnisse (siehe Tab. 7.1), welche 2013 auf der ASUG Konferenz in den USA vorgestellt wurden. In diesem Testscenario wurden zwei Systeme verwendet und miteinander verglichen. Dabei handelt es sich zum einen um das System: SAP R/3 Business Suite auf einer HANA-Datenbank und zum anderen um SAP R/3 Business Suite auf AnyDB. Die Ergebnisse können wie folgt klassifiziert werden (Vgl. ASUG (2013)).

			Intercompany Konsolidierung Intercompany Konsolisierung läuft in Echtzeit und dient als zentrales Medium für alle Daten, die sog. "Source of truth". Hat direkten Zugriff auf Finanz-Datentabellen anstelle von kopierten Daten. Eine Verringerung der TCO weil Daten nicht mehr repliziert werden.
Bis zu 1350x schneller	Schnelleres Reporting Durch HANA ist ein Reporting in sekundenschnelle möglich.	Bis zu 200x schneller	
Bis zu 124x schneller	Ergebnis- und Marktsegmentrechnung Ermöglicht es, die Ergebnis- und Marktsegmentrechnung als Online-Bericht für verschiedene Ansichten und Kostenhierarchien auszuführen. Gibt entscheidenden Einblick in die Unternehmensplanung und –prüfung	Bis zu 978x schneller	Belegjournal Report Stabile Reaktions-fähigkeit der Anwendung durch verschiedene Kombinationen der Attributauswahl.
Bis zu 71x schneller	Eingangszahlungen ausgleichen Erweiterte Suche nach offenen Posten (z. B. Rechnungen), die durch eingehende Zahlungen gelöscht werden sollen; Für alle FI-Anwender kann die Bearbeitungszeit eine der arbeitsintensivsten Prozesse in FI-AR verbessert werden.	Keine Latenz KPIs	Forderungs-Dashboard Neue Anwendung, die es dem Forderungsmanager ermöglicht, schnell und angemessen auf Veränderungen im Zahlungsverhalten der Kunden zu reagieren.

Tab. 7.1: SAP Lab-Ergebnisse: Geschäftsprozesse
(vgl. ASUG (2013))

Potentielle TCO-Einsparungen auf Basis des FORRESTER-Reports für die Anwendungen von SAP BW und SAP ERP sowie Eigenentwicklungen

Die SAP HANA-Plattform verändert die Kostenbetrachtung durch Vereinfachung und Unterstützung von verschiedenen Anwendungsfällen. So wird im Forrester-Report von folgendem Einsparpotential gesprochen: Einsparungen von 70%+ an Softwarekosten aufgrund des Weg-falls von ETL und Middleware. Weiter wird ein Einsparpotential von 15%+ an Hardwarekosten erwähnt. Als Grund hierfür wird die reduzierte Anzahl an Servern genannt, welche benötigt werden. Ebenfalls ist die reduzierte Speichermenge aufgrund von IMDM ein weiterer Treiber für die Kostensenkung. Zusätzlich dazu wird von einem Einsparpotential von 20%+ in dem Bereich Betrieb und Entwicklung gesprochen. Dies sei auf eine reduzierte Zeit für die Administration der Datenbanken und der Server zurückzuführen. (Vgl. Plattner und Zeier (2012)).

8 Ausblick zu S/4HANA Enterprise Management

Zu Beginn war SAP HANA nur als Appliance verfügbar. Inzwischen wurde SAP HANA allerdings zu einer universellen Plattform für alle SAP-Geschäftsanwendungen weiterentwickelt. So werden die Geschäftsanwendungen durch In-Memory-Technologie unterstützt. SAP HANA kann auch auf kundeneigener Hardware installiert werden oder in der Cloud liegen (vgl. SAP (2013b)). Im Januar 2013 wurde durch die SAP veröffentlicht, dass die Kernanwendungen der SAP Business Suite nun auf Basis von HANA verfügbar sein sollen (vgl. SAP (2013a)). Die Nutzung der Vorteile von Simple Finance wurden im Rahmen eines Add-Ons realisiert.

Doch die Strategie der SAP sieht eine Ablöse der Simple Finance Add-Ons duch S4/HANA Enterprise Management vor. Daher wird es für das Simple Finance Add-On (V3) zum einen keine weiteren Releases geben und zum anderen wird der Support zum 31.12.2021 eingestellt.

Im Jahre 2015 stellte SAP mit SAP Business Suite 4 SAP HANA (SAP S/4HANA) das erste vollständige Produkt vor, welches komplett auf dem vereinfachten Datenmodell von SAP HANA beruht (vgl. SAP (2015e)).

Ein weiterer essentieller Meilenstein in der Umsetzung dieser Strategie von HANA, ist die SAP Business Suite 4 SAP HANA (siehe Abb. 8.1) kurz: SAP S/4HANA, welche Anfang 2015 von der SAP vorgestellt wurde. Sie wird als Lösungssuite der nächsten Generation beschrieben, welche vollständig auf SAP HANA basiert. Das „S" am Anfang steht für „Simple" und meint damit die Vereinfachung der gesamten Systemarchitektur, der Programmstruktur und des Datenmodells (vgl. SAP (2015e)). Seit der Umstellung vom R/2- auf das R/3-System stellt S/4HANA die bisher größte Innovation der SAP dar. Diese Suite ist eine Integration in einem einheitlichen Produktportfolio von unterschiedlichsten Ansätzen, Technologien und Innovationen. (Vgl. Matzer und Karlstetter (2015))

SAP S/4HANA ermöglicht eine signifikante Vereinfachung im Sinne von Akzeptanz, Datenmodell, User Experience, Entscheidungsfindung, Geschäftsprozesse und –Modelle. Weiter vereinfacht S/4HANA Innovationen rund um das Internet der Dinge, Big Data, Geschäfts-netzwerke und „Mobile First"-Ansätze, die Unternehmen in der digitalen und vernetzten Welt helfen, ihre Geschäftsabläufe zu vereinfachen.

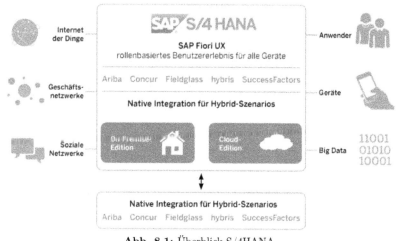

Abb. 8.1: Überblick S/4HANA

SAP (2015e)

Weiter werden nun die in der Business Suite S/4HANA – bisher auf die Finanzprozesse beschränkten – Prozesse vervollständigt (siehe Abb. 8.2). So ist es nun möglich Prozesse und deren durchgängige Nutzung in den Unternehmensbereichen Marketing, Vertrieb, Beschaffung, Fertigung, Logistik, Service, Finanzwesen, Personalwesen, Forschung und Entwicklung abzudecken (vgl. IT-Onlinemagazin (2015)). Insbesondere die Kernfunktionen einer Unternehmenssoftware sollen nun in einem überarbeiteten SAP S/4HANA Enterprise Management inkludiert sein. Bei der Überarbeitung handelt es sich primär um eine Vereinfachung für den Nutzer. Daneben gab es auch eine technologische Überarbeitung. So wurden unter anderem Aggregate-Tabellen und Redundanzen im Finanzwesen und in Produktion, Supply Chain und Materialwirtschaft entfernt. Somit spricht SAP hierbei über eine Reduzierung des „digitalen Footprints" (Vgl. IT-Onlinemagazin (2015)).

Abb. 8.2: S/4HANA Enterprise Management
SAP (2016d)

SAP S/4HANA Enterprise Management wird On-Premise- und als Cloud-Lösungen zur
Verfügung gestellt. Nachdem im Februar 2015 SAP S/4HANA bereitgestellt wurde, gibt es
ab November 2015 das erste „goße" SAP-HANA Release. Dieses Release enthält Vereinfa-
chungen für alle Fachbereiche im ERP-Kontext. In diesem Kontext wird von den folgenden
Fachbereichen gesprochen: Materialwirtschaft, Produktion und Beschaffung sowie Vertrieb
und Planung. Somit sind nun durch das neue Release die Bereiche eines „normalen" ERP
innerhalb von SAP S/4HANA Enterprise Management in einer neuen simplifizierten Version abgebildet.Diese Anwendungssuite basiert natürlich auf der In-Memory Datenbank
SAP HANA und nutzt als rollenbasierte Bedienoberfläche SAP Fiori (vgl. SAP (2015f)).

9   Kritische Würdigung

Es ist anhand von HANA zu erkennen, dass die In-Memory-Technologie als Einflussfaktor betrachtet werden kann, welche Auswirkung auf Unternehmen haben wird. So hat die Analyse von Gartner Inc. (2011) gezeigt, dass IMDM eine technologische Innovation darstellt, die das Potential hat, die wachsenden Herausforderungen von Unternehmen zu erfüllen. Hierbei sind insbesondere die wachsenden Anforderungen durch den Anwender zu nennen, da diese vor allem aus privaten Erfahrungen mit Endverbraucher-IT resultieren. Auf diese Herausforderung geht SAP mit Fiori ein. So wird dem Anwender ein zeitgemäßes User Interface geboten, was wiederum die Akzeptanz von Veränderungen fördert.

Doch um die Akzeptanz zu schaffen ist das Change Management ein wesentlicher Faktor. Gerade im Hinblick auf dieser radikalen Umstellung des User Interfaces von SAP GUI hin zu Fiori ist es erforderlich, dass die Mitarbeiten durch geeignete Maßnahme vorbereitet werden.

Insbesondere aber auch Innovationen im Finanzbereich durch Simple Finance sollen bei Unternehmen Mehrwert generieren. So verspricht Simple Finance Bereichsübergreifende Einblicke mit hohem Detaillierungsgrad. Dadurch soll es möglich sein neue - bisher unbekannte - Daten zu erheben. Die Möglichkeiten der Harmonisierung und Zentralisierung von Finanzdaten soll nutzbar gemacht werden, um neue Werte und Verbesserungen für das gesamte Unternehmen zu schaffen. Im Accounting ist die größte Innovation das Zusammenlegen von Finanzbuchhaltung und Controlling in ein „Ledger", basierend auf einem multidimensionalen Datenmodell ohne Beschränkungen bezüglich der Anzahl von Dimensionen. Die SAP HANA Plattform bringt zudem den Vorteil, dass wesentlich größere Datenmengen verarbeitet werden können und die Vorsysteme in die Finanzbuchhaltung und das Controlling auf Belegebene integriert beziehungsweise die Nebenbücher aufgelöst sind. Dadurch werden die Komplexität in der Architektur von Finanzapplikationen erheblich reduziert und die dahinterliegenden Prozesse vereinfacht. Kritsch zu sehen ist allerdings, dass Simple Finance nicht ohne Weiteres eingeführt werden kann. So ist eine Migration nur möglich, wenn das SAP-System mindestens auf SAP ERP 6.0 EHP7 läuft.

Weiter muss aufgrund des neuen Datenmodells geprüft werden, welche Eigenentwicklungen noch auf Simple Finance laufen werden. Es kann somit vorkommen, dass bestimmte Code-Zeilen angepasst werden müssen.

Darüber hinaus sind im Rahmen der Recherche (SAP (2016c) und SAP (2015e)) immer wieder Aussagen der SAP aufgekommen. Auf drei dieser Aussagen soll nun im Folgenden kritisch ein-gegangen werden:

SAP sagt, dass es eine Migration auf S/4HANA einfach und schnell durchgeführt werden kann.

Unternehmen haben komplexe Systemlandschaften, welche holistisch modernisiert werden müssen. So ist es i.d.R. nicht mit einer technischen Migration getan. Erst wenn bestehende

Funktionalitäten auf S/4HANA angepasst sind, kann das gesamte Potential von S/4HANA entfaltet werden. Dies führt oftmals zu mehrjährigen Projekten. Damit ist eine einfache und schnelle Migration lediglich eine Fiktion. Neue SAP-Landschaften sollten immer mit S/4HANA Enterprise Management beginnen. Diese Aussage stimmt aber auch nur wenn alle relevanten kritischen Geschäftsprozesse des Unternehmens durch die ausgewählte S/4HANA Lösung abgedeckt werden. Simple Finance an sich ist heutzutage nicht mehr aktuell. Insbesondere durch die Einstellung des Supports Ende 2021 wird es empfohlen nicht länger das Simple Finance Add-On anzustreben. S/4HANA ist die Zukunft von allem.

Das stimmt. SAP R/3 wird noch bis 2025 unterstützt. Allerdings wird es hierfür keine weiteren Innovationen geben. Alle Innovation spielen sich fortan auf S/4HANA ab. Gleiches gilt auf für das Simple Finance Add-On, für welches der Support sogar früher eingestellt wird. Weiter gibt es durch SAP nur limitiert Informationen bzgl. der S/4HANA Roadmap. So werden die oftmals die Funktionalitäten, welche durch neue Releases kommen, lediglich spärlich erläutert. Dies erschwert SAP Kunden die Planung von weiteren Aktivitäten Rund um S/4HANA.

Weiter soll an dieser Stelle S/4HANA kritisch gewürdigt werden. Als erster Vorteil ist der Echtzeitzugriff auf alle Daten im ERP-System zu erwähnen. Dies beschleunigt Geschäftsprozesse. Ein zweiter wichtiger Vorteil wird in der Agilität von klassischen ERP-Prozessen beschrieben. Daneben ist das System nun in der Lage, auf „äußere Störfaktoren" zu reagieren. Weiter wurden mit Hilfe der neuen Benutzerführung alle wichtigen Schritte auf dem Bildschirm und in einer komplett rollenbasierten Oberfläche abgebildet.

Die Strategie der SAP sieht es vor, dass das Simple Finance Add-on langfristig kein eigenenes Produkt bleiben wird. So wurden alle wesentlichen Funktionalitäten des Simple Finance-Add-ons in S/4HANA Enterprise Management integriert. Daher ist heutiger Sicht festzuhalten, dass die Einführung des Simple Finance Add-ons nicht länger zu empfehlen ist, stattdessen ist eine Umstellung auf S/4HANA Enterprise Management zu empfehlen.

Quellenverzeichnis

[ICDE.2011 2011]   *IEEE 27th International Conference on Data Engineering (ICDE), 2011: 11 - 16 April 2011, Hannover.* Piscataway, NJ : IEEE, 2011

[ASUG 2013]   ASUG: *ASUG Annual conference.*   2013.   URL `http: //events.asug.com/2013AC/Business%20Integration%20Technology%20&%20% 20Infrastructure/3912%20ECC%20on%20HANA%20Suite%20Migration.pdf`

[BearingPoint 2015]   BEARINGPOINT: *Innovationen im Finanzmanagement.* 2015. URL `https://www.bearingpoint.com/files/BEDE15_1016_SO_DE_SAP_Finance_2_ 0_final_web.pdf&download=0&itemId=133048.` Zugriffsdatum: 14.05.2017

[Berg und Silvia 2015]   BERG, Bjarne ; SILVIA, Penny: *Einführung in SAP HANA: [was ist SAP HANA, und wie funktioniert die In-Memory-Datenbank? ; Datenbeschaffung und -modellierung, SAP HANA Client und Datenbankwerkzeuge ; inkl. SAP-HANA-Cloud-Lösungen und nativer Entwicklung].* 2., aktualisierte und erw. Aufl. Bonn : Rheinwerk Publishing, 2015 (SAP PRESS)

[Bösswetter 2010]   BÖSSWETTER, Daniel: *Spaltenorientierte Datenbanken - GI - Gesellschaft für Informatik e.V.* 2010. URL `https://www.gi.de/service/ informatiklexikon/detailansicht/article/spaltenorientierte-datenbanken. html.` Zugriffsdatum: 14.05.2017

[Chirivella 2016]   CHIRIVELLA, Ravi: *New Asset Accounting in Simple finance | SAP Blog.*   2016.   URL `https://blogs.sap.com/2016/08/20/ new-asset-accounting-in-simple-finance/.` Zugriffsdatum: 14.05.2017

[Cisco Systems 2017]   CISCO SYSTEMS: *Prognose zum monatlichen Datenvolumen des privaten IP-Traffics weltweit nach Verbindungstyp in den Jahren 2014 und 2015 sowie eine Prognose bis 2020 (in Petabyte).* 2017. URL `https://de.statista.com/statistik/daten/studie/169455/umfrage/ prognose-zum-weltweiten-datenvolumen-nach-segmenten/.` Zugriffsdatum: 14.05.2017

[Deloitte 2016]   DELOITTE: *Managing tax / Balancing current challenge with future promise.*   2016.   URL `https:// www2.deloitte.com/content/dam/Deloitte/global/Documents/Tax/ dttl-tax-tmc-emea-conference-2016-technology-showcase-sap.pdf`

[DeWitt u. a. 1984]   DEWITT, David J. ; KATZ, Randy H. ; OLKEN, Frank ; SHAPIRO, Leonard D. ; STONEBRAKER, Michael R. ; WOOD, David A.: Implementation techniques for main memory database systems. In: *ACM SIGMOD Record* 14 (1984), Nr. 2, S. 1–8

[Distler und Fischer 2015]   DISTLER, Bastian ; FISCHER, Stefan: *Zentrale Buchhaltung mit SAP Simple Finance*. 2015. URL http://www.sapevent.de/landingpagesfr/Manager/uploads/1442/B1_Zentrale_Buchhaltung_mit_SAP_Simple_Finance.pdf

[Eich 1989]   EICH, Margaret H.: Main memory database research directions. In: BORAL, Haran (Hrsg.): *Database machines* Bd. 368. Berlin : Springer, 1989, S. 251–268

[Flaig 2013]   FLAIG, Andreas: *Auswirkungen von In-Memory-Datenbanken auf die Datenqualität in Unternehmen*. 2013

[Garcia-Molina und Salem 1992]   GARCIA-MOLINA, H. ; SALEM, K.: Main memory database systems: An overview. In: *IEEE Transactions on Knowledge and Data Engineering* 4 (1992), Nr. 6, S. 509–516

[Gartner Inc. 2011]   GARTNER INC.: *Gartner Says Consumerization of BI Drives Greater*. 2011. URL http://www.gartner.com/newsroom/id/1748214. Zugriffsdatum: 14.05.2017

[IT-Onlinemagazin 2015]   IT-ONLINEMAGAZIN: *SAP S/4HANA Enterprise Management: Übersicht*.   2015.   URL https://it-onlinemagazin.de/sap-s4hana-enterprise-management-uebersicht/. Zugriffsdatum: 14.05.2017

[Klas und Neuhold 2007]   KLAS, Wolfgang ; NEUHOLD, Erich J.: *Proceedings of the 33rd International Conference on Very Large Data Bases: September 23-27, 2007, Vienna, Austria*. [S.l.] : VLDB Endowment, 2007

[Kleis 2011]   KLEIS, Wolfram: *SAP Architecture Bluebook: The SAP HANA Database*. 2011

[Königs 2009]   KÖNIGS, Hans-Peter: *IT-Risiko-Management mit System*. Wiesbaden : Springer Fachmedien, 2009

[Korschinowski 2015]   KORSCHINOWSKI, Sven: *Risiken und Chancen für Banken durch PSD2*.   2015.   URL https://svenkorschinowski.de/2017/01/23/risiken-und-chancen-fuer-banken-durch-psd2/. Zugriffsdatum: 14.05.2017

[Krueger u. a. 2010]   KRUEGER, Jens ; GRUND, Martin ; TINNEFELD, Christian ; ECKART, Benjamin ; ZEIER, Alexander ; PLATTNER, Hasso: Hauptspeicherdatenbanken für Unternehmensanwendungen. In: *Datenbank-Spektrum* 10 (2010), Nr. 3, S. 143–158

[Lehman und Carey 1987]   LEHMAN, Tobin J. ; CAREY, Michael J.: A recovery algorithm for a high-performance memory-resident database system. In: DAYAL, Umeshwar (Hrsg.): *Proceedings of the 1987 ACM SIGMOD international conference on Management of data*. New York, NY : ACM, 1987, S. 104–117

[Lehner und Piller 2011]   LEHNER, Wolfgang (Hrsg.) ; PILLER, Gunther (Hrsg.): *GI-Edition Proceedings*. Bd. 193: *Innovative Unternehmensanwendungen mit In-Memory Data Management: Beiträge der Tagung IMDM 2011 ; 2. 12. 2011 in Mainz*. Bonn : Ges. für Informatik, 2011

[Leichsering 2017]   LEICHSERING, Hans Jörg: *Finanzbranche vor gravierenden Herausforderungen bis 2025*.   2017.   URL https://www.der-bank-blog.de/finanzbranche-vor-gravierenden-herausforderungen-bis-2025/studien/banking-trends/20583/. Zugriffsdatum: 14.05.2017

[Loos u. a. 2011]   LOOS, Peter ; LECHTENBÖRGER, Jens ; VOSSEN, Gottfried ; ZEIER, Alexander ; KRÜGER, Jens ; MÜLLER, Jürgen ; LEHNER, Wolfgang ; KOSSMANN, Donald ; FABIAN, Benjamin ; GÜNTHER, Oliver ; WINTER, Robert: In-Memory-Datenmanagement in betrieblichen Anwendungssystemen. In: *WIRTSCHAFTSINFORMATIK* 53 (2011), Nr. 6, S. 383–390

[Mang 2015]   MANG, Frank: *Business Suite 4 SAP HANA: Was SAP Simple Finance kann*.   2015.   URL https://www.computerwoche.de/a/was-sap-simple-finance-kann, 3096935. Zugriffsdatum: 14.05.2017

[Mattern und Croft 2014]   MATTERN, Michael ; CROFT, Ray: *Business Cases mit SAP HANA*. 1. Auflage. 2014 (SAP PRESS)

[Matzer und Karlstetter 2015]   MATZER, Michael ; KARLSTETTER, Florian: *Völlig neu konzipiert - SAP Business Suite 4 SAP HANA Kleiner, schneller, Cloudfähig. HANA auf Speed*.   2015.   URL http://www.cloudcomputing-insider.de/kleiner-schneller-cloud-faehig-hana-auf-speed-a-474695/

[Müller 2013]   MÜLLER, Jürgen: *A Real-Time In-Memory Discovery Service: Leveraging Hierarchical Packaging Information in a Unique Identifier Network to Retrieve Track and Trace Information*. Berlin Heidelberg : Springer Berlin Heidelberg, 2013 (In-Memory Data Management Research)

[Plattner 2009]   PLATTNER, Hasso: *Proceedings of the 35th SIGMOD international conference on Management of data*. New York, NY : ACM, 2009

[Plattner und Zeier 2012]   PLATTNER, Hasso ; ZEIER, Alexander: *In-memory data management: Technology and applications*. 2nd ed. 2012. Berlin, Heidelberg : Springer Berlin Heidelberg, 2012 (SpringerLink Bücher)

[Radley 2014]   RADLEY, Noel: *Cloud vs. On-Premise Deployment, 2008-2014*.   2014.   URL http://www.softwareadvice.com/buyerview/deployment-preference-report-2014/. Zugriffsdatum: 14.05.2017

[Salmon und Wild 2016]   SALMON, Janet ; WILD, Claus: *Schnelleinstieg in SAP S/4HANA Finance*. 1. Ausgabe. 2016

[SAP 2011]   SAP: *SAP HANA ist ab sofort für Kunden weltweit verfügbar*. 2011.   URL `http://news.sap.com/germany/` `sap-hana-ist-ab-sofort-fur-kunden-weltweit-verfugbar/#more-1553`. Zugriffsdatum: 14.05.2017

[SAP 2013a]   SAP: *SAP Business Suite powered by SAP HANA ermöglicht Unternehmensführung in Echtzeit*. 2013. URL `http://global.sap.com/germany/news-reader/` `index.epx?articleID=20222`. Zugriffsdatum: 14.05.2017

[SAP 2013b]   SAP: *SAP stellt neue Innovationen für die SAP-HANA-Plattform in drei Dimensionen vor*.   2013.   URL `http:` `//news.sap.com/germany/sap-stellt-neue-innovationen-fur-die\` `discretionary{-}{}{}sap-hana-plattform-in-drei-dimensionen-vor/`. Zugriffsdatum: 14.05.2017

[SAP 2014a]   SAP: *Fundamentals of SAP® Business Suite powered by SAP HANA® Find Out How SAP Business Suite powered by SAP HANA Delivers Business Value in Real Time*. 2014. URL `https://hana.sap.com/content/dam/website/saphana/en_` `us/PDFs/suiteonhanafactbooks/29546_GB_28576_SoH_12Fundamentals_en.pdf`

[SAP 2014b]   SAP: *Die neue Anlagenbuchhaltung in SAP mit EHP7 - parallele Rechnungslegung leicht gemacht, Oktober und November 2014, virtuell*. 2014. URL `https://websmp209.sap-ag.de/~sapidp/011000358700000564762014D?` `source=email-de-education-newsletter-20140902`. Zugriffsdatum: 14.05.2017

[SAP 2015a]   SAP: *Migration to Simple Finance / SAP Blogs*. 2015. URL `https://blogs.` `sap.com/2015/03/06/migration-to-simple-finance/`. Zugriffsdatum: 14.05.2017

[SAP 2015b]   SAP: *SAP Accounting powered by SAP HANA*.   2015. URL `http://www.sapevent.de/landingpagesfr/Manager/uploads/1437/B3_SAP_` `Accounting_powered_by_SAP_HANA.pdf`. Zugriffsdatum: 14.05.2017

[SAP 2015c]   SAP: *SAP Business Suit powered by SAP HANA Cookbook*.   2015.   URL   `https://proddps.hana.ondemand.` `com/dps/d/preview/0edf65cbbc3143b4b7216b1f5fd22040/1.0/en-US/` `loioccd52e1a22214551a7df8f027f8ba158.ccd52e1a22214551a7df8f027f8ba158.` `pdf`. Zugriffsdatum: 14.05.2017

[SAP 2015d] SAP: *SAP S/4HANA Enterprise Management: 15 Fragen an SAP.* 2015. URL `http://news.sap.com/germany/ sap-s4hana-enterprise-management-15-fragen-sap/`. Zugriffsdatum: 14.05.2017

[SAP 2015e] SAP: *SAP S/4HANA, Fragen und Antworten,.* 2015. URL `http://www.sap.com/bin/sapcom/de_de/downloadasset.2015-03-mar-05-11. sap-s-4hana-faq-pdf.bypassReg.html`

[SAP 2015f] SAP: *SAP S/4HANA Frequently Asked Questions.* 2015. URL `http://www.sap.com/bin/sapcom/ja_jp/downloadasset.2015-03-mar-10-09. sap-s-4hana-frequently-asked-questions-english-pdf.bypassReg.html`. Zugriffsdatum: 14.05.2017

[SAP 2015g] SAP: *Simplification List for SAP S/4HANA, on-premise edition 1511.* 2015. URL `https://de.scribd.com/document/332551036/SIMPL-OP1511-1-pdf`

[SAP 2016a] SAP: *Fiori Apps Library.* 2016. URL `https://fioriappslibrary.hana. ondemand.com/sap/fix/externalViewer/#`. Zugriffsdatum: 14.05.2017

[SAP 2016b] SAP: *Getting started: SAP Integrated Business Planning - Supply Chain Management (SCM) - SCN Wiki.* 2016. URL `https://wiki.scn.sap.com/ wiki/display/SCM/Getting+started%3A+SAP+Integrated+Business+Planning`. Zugriffsdatum: 14.05.2017

[SAP 2016c] SAP: *SAP HANA: Die In-Memory-Plattform für digitale Transformation.* 2016. URL `https://www.sap.com/germany/documents/2016/08/ 2caaec36-847c-0010-82c7-eda71af511fa.html`. Zugriffsdatum: 14.05.2017

[SAP 2016d] SAP: *SAP S/4HANA, on-premise edition 1511 FPS02 Functional Overview (Level 2 details).* 2016. URL `https://websmp210.sap-ag.de/~sapidp/ 012002523100018395812015E.pdf`. Zugriffsdatum: 14.05.2017

[SAP 2016e] SAP: *SAP S/4HANA: Roadmap schafft Voraussetzungen für den Wechsel.* 2016. URL `http://news.sap.com/germany/ sap-s4hana-roadmap-schafft-voraussetzungen-fur-den-wechsel/`. Zugriffsdatum: 14.05.2017

[SAP 2016f] SAP: *Die Vorteile der SAP HANA Enterprise Cloud - SAP Rechenzentrum.* 2016. URL `http://www.sapdatacenter.com/de/article/ die-vorteile-der-sap-hana-enterprise-cloud/`. Zugriffsdatum: 14.05.2017

[SAP 2016g] SAP: *What's New in the SAP HANA Platform 2.0 (Release Notes) | SAP HANA Platform | SAP Help Portal.* 2016. URL `https://help.sap.com/viewer/ 42668af650f84f9384a3337bcd373692/2.0.01/en-US`. Zugriffsdatum: 14.05.2017

[SAP 2017a]   SAP: *SAP-Bibliothek - SAP Cash Management powered by SAP HANA.* 2017. URL `https://help.sap.com/saphelp_sfin100/helpdata/de/e7/d3a052c3ad224fe10000000a445394/frameset.htm`. Zugriffsdatum: 14.05.2017

[SAP 2017b]   SAP: *SAP-Bibliothek - SAP Fiori for SAP Simple Finance, On-Premise Edition.* 2017. URL `https://uacp2.hana.ondemand.com/doc/saphelp_fiori_sfin_200/2.5/de-DE/2a/3ddc52a1d5be66e10000000a441470/frameset.htm`. Zugriffsdatum: 14.05.2017

[SAP 2017c]   SAP: *SAP ONE Support Launchpad.* 2017. URL `https://launchpad.support.sap.com/#/notes/2149306`. Zugriffsdatum: 14.05.2017

[SAP 2017d]   SAP: *SAP S4HANA Cookbook: SAP S4HANA Finance, On-Premise 1605 - Additional Topics - SCN Wiki.* 2017. URL `https://wiki.scn.sap.com/wiki/display/ATopics/SAP+S4HANA+Cookbook%3A+SAP+S4HANA+Finance%2C+On-Premise+1605`. Zugriffsdatum: 14.05.2017

[SAP 2017e]   SAP: *Vorteile der SAP Cloud - Definition von Cloud-Angeboten.* 2017. URL `http://www.sapdatacenter.com/de/article/cloud_grundlagen/#!`. Zugriffsdatum: 14.05.2017

[SAP 2017f]   SAP: *What's New in SAP Simple Finance, On-Premise Edition.* 2017. URL `https://help.sap.com/doc/554b6154b6718c4ce10000000a4450e5/2.6/en-US/frameset.htm`. Zugriffsdatum: 14.05.2017

[SAP SE 2016a]   SAP SE: *Lease Accounting Engine.* 2016. URL `https://help.sap.com/saphelp_erp60_sp/helpdata/de/63/b6d153e8b34208e10000000a174cb4/content.htm`. Zugriffsdatum: 14.05.2017

[SAP SE 2016b]   SAP SE: *Process of Migration to SAP Accounting powered by SAP HANA.* 2016. URL `https://help.sap.com/saphelp_sfin100/helpdata/en/45/f8d452f015d142e10000000a4450e5/content.htm`. Zugriffsdatum: 14.05.2017

[Schaffry 2014]   SCHAFFRY, Andreas: *Intuitive Benutzeroberflächen: Was die zweite SAP-Fiori-Welle Neues bringt.* 2014. URL `https://www.computerwoche.de/a/was-die-zweite-sap-fiori-welle-neues-bringt,2555228`. Zugriffsdatum: 14.05.2017

[Schwetz 2014]   SCHWETZ, Wolfgang: *Cloud oder on Premise?: Für und Wider von CRM on Demand.* 2014. URL `https://www.computerwoche.de/a/fuer-und-wider-von-crm-on-demand,2551254`. Zugriffsdatum: 14.05.2017

[Tutorials Point 2017] TUTORIALS POINT ; TUTORIALS POINT PVT. LTD. (Hrsg.):
SAP Simple Finance. 2017. URL https://www.tutorialspoint.com/sap_simple_
finance/sap_simple_finance_tutorial.pdf

[Werner Sinzig, Kailash R. Sharma 2011] WERNER SINZIG, KAILASH R. SHARMA:
*In-Memory-Technologie : Verbesserungen bei Planung, Simulation und Entscheidungs-
unterstützung.* Wiesbaden : Springer-Fachmedien Wiesbaden, 2011

[Wyllie 2017] WYLLIE, D.: *On-Demand vs. On-Premise.* 2017. URL http://www.xelos.
net/intranet-blog/on-demand-vs-on-premise/. Zugriffsdatum: 14.05.2017

BEI GRIN MACHT SICH IHR WISSEN BEZAHLT

- Wir veröffentlichen Ihre Hausarbeit,
  Bachelor- und Masterarbeit

- Ihr eigenes eBook und Buch -
  weltweit in allen wichtigen Shops

- Verdienen Sie an jedem Verkauf

Jetzt bei www.GRIN.com hochladen und kostenlos publizieren